HIROSHIMA

Una bomba atómica sobre la ciudad

Por Maxime Tondeur
En colaboración con Thomas Jacquemin
Traducido por Laura Bernal Martín

HIROSHIMA Y EL INICIO DE LA ERA ATÓMICA

- **¿Cuándo?** El 6 de agosto (bombardeo atómico de Hiroshima) y el 9 de agosto de 1945 (bombardeo de Nagasaki).
- **¿Dónde?** En Hiroshima y en Nagasaki (Japón).
- **¿Contexto?** La Campaña del Pacífico (1941-1945) durante la Segunda Guerra Mundial (1939-1945).
- **¿Protagonistas?**
  - Harry Truman (1884-1972), presidente de los Estados Unidos de 1945 a 1953.
  - Leslie Groves (1896-1970), director militar del Proyecto Manhattan.
  - Robert Oppenheimer (1904-1967), director científico del Proyecto Manhattan.
  - Kantarō Suzuki (1868-1948), primer ministro de Japón del 7 de abril al 17 de agosto de 1945.
  - Hirohito (1901-1989), emperador de Japón de 1926 hasta su muerte.
- **¿Repercusiones?**
  - La destrucción total de dos grandes ciudades japonesas.
  - La rendición de Japón y el fin de la Segunda Guerra Mundial.
  - El inicio de la Guerra Fría y el desarrollo de arsenales nucleares.

En 1945, tras cuatro años de terribles combates en el océano Pacífico, las fuerzas americanas llegan a las puertas de Japón.

Agotado y aislado, el Imperio del sol naciente ya no puede evitar la derrota. Sin embargo, sus tropas siguen luchando y se niegan a rendirse: si los Aliados deben invadir Japón, la paz les costará un baño de sangre. Pero los americanos deciden forzar la capitulación de Tokio empleando una nueva arma recientemente desarrollada: la bomba atómica.

Una primera bomba se lanza sobre Hiroshima el 6 de agosto de 1945 y después, tres días más tarde, otra sobre Nagasaki. El éxito es absoluto: las dos ciudades son devastadas por explosiones de una potencia inédita y las autoridades japonesas deciden finalmente capitular, poniendo así fin a la Segunda Guerra Mundial. Pero la victoria se cobra muchas vidas humanas: decenas de miles de personas mueren por el efecto de las ondas expansivas y los incendios, y muchas otras más fallecen en las siguientes semanas, víctimas de la radiación. El mundo entero está conmocionado ante el alcance de la devastación y constata que los Estados Unidos han adquirido un extraordinario poder al dominar el átomo. Pronto, una terrible competencia tecnológica los opondrá a la Unión Soviética, que también desea acceder al rango de potencia nuclear. Así pues, al mostrar la fuerza destructora del átomo, los bombardeos de Hiroshima y de Nagasaki inician el desarrollo de arsenales nucleares y llevan al estallido de la Guerra Fría (1945-1990), cuyas consecuencias aún sentimos hoy en día.

CONTEXTO

LA EXPANSIÓN JAPONESA EN ASIA ORIEN-TAL (1931-1941)

A finales del siglo XIX, el Japón imperial aprovecha el aporte de las tecnologías occidentales para modernizarse, desarrollar su economía y aumentar su potencia militar. Combatiendo contra China y Rusia, se anexiona nuevos territorios (Taiwán en 1895, Corea en 1910) y se impone como una potencia regional de primer nivel en Asia oriental.

En los años treinta, el Estado se militariza y refuerza aún más sus tropas. La falta de materias primas estratégicas en el país, sumado a un sentimiento de superioridad sobre los otros pueblos, llevan a Tokio a poner en marcha una agresiva política imperialista. En 1931, tras un falso atentado, el ejército ocupa Manchuria (noreste de China). Seis años más tarde comienza a invadir el resto del país. En 1940, aprovechando las victorias alemanas en Europa, ocupa la colonia francesa de Indochina, y después se alía con Alemania e Italia. Los gobiernos estadounidense, británico y neerlandés, que temen que Japón domine Asia oriental, exigen la retirada de las tropas japonesas de China e imponen un embargo sobre los suministros de petróleo. La reacción será brutal: el 7 de diciembre de 1941, habiendo logrado acercarse a Hawái sin ser detectados, seis portaviones japoneses lanzan sus aviones al ataque del puerto militar de Pearl Harbor. Cogidos por sorpresa, los ejércitos americanos pierden a más de 2000 hombres y a una parte de su flota atracada.

Ataque de Pearl Harbor por parte de las tropas japonesas.

Siguiendo la línea del exitoso ataque, las tropas imperiales invaden y ocupan las colonias y protectorados de Reino Unido (Malasia, Singapur, Birmania y Hong Kong), de los Países Bajos (Indonesia) y de los Estados Unidos (Filipinas) en Asia, así como varias islas estratégicas situadas en el Pacífico.

LA VIOLENCIA Y LOS CRÍMENES DE GUERRA DEL JAPÓN IMPERIAL

También en los años treinta, los militares se hacen con el poder político e imponen una ideología bélica que exalta la lealtad al emperador y que preconiza el

sacrificio heroico. Esta justificará una violencia des-
medida, acompañada de una política expansionista.
La población, muy castigada y decepcionada por las
dificultades económicas resultantes de la crisis de 1929,
respalda estas ideas de forma casi unánime. ¡Vemos
incluso cómo algunos padres le desean a sus hijos que
no vuelvan vivos del combate!

Fanáticos, los soldados japoneses demuestran una fe-
rocidad y una crueldad excepcionales. Las atrocidades
contra la población civil son frecuentes y culminan en
las masacres de Nankin (diciembre de 1937-enero de
1938) en China, y de Manila (febrero-marzo de 1945)
en Filipinas; por otra parte, los prisioneros de guerra
sufren a menudo ejecuciones sumarias o son forzados
a trabajar en terribles condiciones.

Unidos en la Esfera de Coprosperidad de la Gran Asia
Oriental, destinada a promover las libertades naciona-
les, los países conquistados son sobreexplotados, su
economía dislocada y su población obligada al trabajo
forzado; incluso se obliga a algunas mujeres —llamadas
«mujeres de consuelo»— a que se prostituyan en el
ejército. Aún hoy en día, el recuerdo de estos hechos
sigue tensando las relaciones entre Japón —que no
ha reconocido plenamente sus crímenes— y algunos
Estados asiáticos.

LA GUERRA DEL PACÍFICO Y EL AISLA-MIENTO DE JAPÓN (1941-1945)

En la inmensidad del océano Pacífico se inicia en diciembre de 1941 un conflicto de una nueva tipología, en el que las fuerzas aeronavales y, sobre todo, los portaviones con sus aeronaves embarcadas, desempeñarán un papel determinante. Los militares nipones son conscientes de la superioridad del potencial industrial americano: saben que el tiempo juega en su contra y esperan lograr la paz mediante una victoria decisiva. A pesar de que la calidad de la preparación militar de Japón, la combatividad de sus tropas y el efecto sorpresa le permiten en un primer momento lograr importantes victorias, los Estados Unidos despiertan de su letargo enseguida e infligen dos durísimas derrotas a la marina imperial durante las batallas del mar de Coral (4-8 de mayo de 1942) y de Midway (4-7 de junio de 1942). La flota japonesa, que ya se encuentra muy debilitada e incapaz de reemplazar sus pérdidas, perderá definitivamente su capacidad ofensiva tras los desastres del mar de Filipinas (19-20 de junio de 1944) y del golfo de Leyte, donde tiene lugar la mayor batalla aeronaval de la historia (23-27 de octubre de 1944).

En paralelo a las operaciones marítimas, los americanos tienen que reconquistar una a una las islas ocupadas por los japoneses en el Pacífico, librando terribles combates en condiciones a menudo difíciles (junglas tropicales, montañas), contra un enemigo que prefiere la muerte a la rendición. En Guadalcanal (agosto de 1942-febrero de 1943), Iwo Jima (febrero-marzo de 1945) y Okinawa (abril-junio de

1945), entre otras, las tropas niponas explotan el relieve y las grutas, ocultándose en refugios subterráneos para sorprender al enemigo y maximizar sus pérdidas. Así mismo, lanzan ataques suicidas —acompañados del famoso grito «banzai»— y emplean trampas de todo tipo. El espíritu de sacrificio japonés parece no tener límites. En Saipán (junio-julio de 1944), los americanos se horrorizan ante los suicidios masivos de soldados y civiles, que se tiran desde lo alto de los acantilados. Ese mismo año son testigos de la aparición de unidades especiales, llamadas kamikazes, que precipitan sus aviones contra los navíos enemigos.

A pesar de todo, los americanos se muestran victoriosos y avanzan hacia Japón. Desde las islas conquistadas, sus bombarderos atacan las ciudades enemigas a partir de junio de 1944. Al mismo tiempo, las fuerzas aliadas frenan a las tropas niponas en Birmania y en Papúa Nueva Guinea. Los combates, el bloqueo y los bombardeos han agotado al Imperio. Su derrota es inevitable, pero sigue mostrando una resistencia desesperada. Así pues, en 1945, los americanos han de prepararse para invadir Japón y poner fin a la guerra. Esta perspectiva preocupa a los estrategas aliados, que creen que el enemigo defenderá tenazmente su territorio, aprovechando el apoyo activo de una población fanática. Las pérdidas estimadas son espantosas: varían entre 100 000 y más de un millón de víctimas para el ejército americano y ascienden a casi los diez millones entre la población japonesa. Es evidente que la conquista de Japón costará mucha sangre. Para evitarlo, las autoridades americanas apostarán por un arma nueva: la bomba atómica.

ACTORES PRINCIPALES

HARRY TRUMAN, PRESIDENTE DE LOS ESTADOS UNIDOS

Retrato oficial de Harry Truman, cuadro de Greta Kempton.

Harry Truman nace en 1884 en una pequeña ciudad de Misuri, y será el último presidente de los Estados Unidos en no contar con diploma universitario. Tras encadenar varios trabajos, se alista en el ejército y lucha en Francia en 1918. Después de la guerra, sufre una serie de disgustos profesionales que le convencen de dedicarse a la política. En 1934 es elegido senador de Misuri y se da a conocer algunos años más tarde como presidente de un comité encargado de investigar algunos abusos cometidos en el seno del ejército.

En enero de 1945, Franklin Roosevelt (1882-1945) inicia su cuarto mandato al frente de los Estados Unidos y es secundado por Truman, su vicepresidente. Tres meses después, tras la muerte de Roosevelt, este le sucede como líder del país y participa en la Conferencia de Potsdam (julio-agosto de 1945), que debe decidir la suerte de la Alemania vencida y de los países ocupados. Cuando da su aprobación para el uso de la bomba atómica, Truman sabe de la existencia del Proyecto Manhattan desde hace muy poco tiempo.

Enfrentado al inicio de la Guerra Fría, adopta una actitud firme para frenar la expansión comunista en el mundo. Es elegido presidente en 1948, apoya la creación de la OTAN (Organización del Tratado del Atlántico Norte) en 1949 y un año después hace que los Estados Unidos participen en la guerra de Corea (1950-1953). Se vuelve impopular y pierde las elecciones de 1952, lo que le lleva a retirarse de la vida política. Muere de una neumonía en 1972.

LESLIE GROVES, DIRECTOR MILITAR DEL PROYECTO MANHATTAN

Retrato de Leslie Groves.

Leslie Groves nace en Albany (Estado de Nueva York) en 1896 y se diploma en la prestigiosa academia militar de West Point en 1918. Se convierte en coronel del Cuerpo de Ingenieros del Ejército y contribuye a la dirección de las obras de construcción del Pentágono, la inmensa sede del Departamento de Defensa.

En 1941, se convierte en el director militar del Proyecto Manhattan y supervisa al personal que participa en el programa de investigación. En 1945, se realiza bajo su responsabilidad la elección de los objetivos de los bombardeos atómicos. Tras la guerra, su carrera se estanca y decide abandonar el ejército tras haber obtenido el rango de teniente general. Muere debido a una crisis cardiaca en 1970.

ROBERT OPPENHEIMER, DIRECTOR CIENTÍFICO DEL PROYECTO MANHATTAN

Retrato de Robert Oppenheimer.

El llamado padre de la bomba atómica nace en 1904 en Nueva York. Tras sus estudios en Harvard, Robert Oppenheimer realiza investigaciones en física y química en los Estados Unidos, Reino Unido y Alemania. Interesado en la física nuclear, participa activamente en los primeros trabajos americanos de concepción de una bomba de uranio.

Nombrado director científico del Proyecto Manhattan en 1943, supervisa las investigaciones con eficacia. El 16 de julio de 1945, ante la explosión de la primera bomba atómica, afirma: «Ahora me he convertido en la muerte, el destructor de mundos»[1] (Poolos 2008, 88). Atormentado por la responsabilidad de la creación de la bomba, se retira del proyecto en 1945 y comienza a trabajar para la Comisión de la Energía Atómica. Entre otros, destaca su participación en el desarrollo de la bomba H (bomba de hidrógeno). Debido a sospechas que indican que es un activista de izquierda, le echan del su puesto en 1954 y participa en otras investigaciones. Fallece de cáncer en 1967.

---

1. Cita traducida por 50Minutos.es

KANTARŌ SUZUKI, PRIMER MINISTRO DE JAPÓN

Retrato de Kantarō Suzuki en 1945.

Kantarō Suzuki, nacido en Kube (Japón) en 1868, se diploma en la Academia Naval Imperial en 1887. Dirige varias embarcaciones de guerra durante sus conflictos contra China (1894-1895) y Rusia (1904-1905). Es viceprimer ministro (1914-1917) y más tarde jefe del Estado Mayor de la Marina (1925-1929). Se retira en 1929, pero es llamado en 1945, con 77 años, a ocupar el puesto del primer ministro tras la renuncia de este. Suzuki desea acabar con la guerra, pero rechaza las condiciones impuestas por los Aliados, especialmente porque los militares quieren continuar con el combate. Tras los bombardeos de Hiroshima y de Nagasaki, y con la aprobación del emperador, Suzuki lleva a cabo unas negociaciones que culminan con la capitulación de Japón. Deja el cargo tras el anuncio de la rendición y fallece en 1948.

HIROHITO, EMPERADOR DE JAPÓN

Retrato del emperador Hirohito.

Nacido en 1901 en Tokio, el príncipe Hirohito se convierte en regente de Japón en 1921, y cinco años más tarde, tras la muerte de su padre, en emperador. El emperador, jefe teórico del gobierno, muestra una actitud ambigua durante la guerra: aunque a veces se opone al control por parte de los militares sobre los asuntos del país, no deja de aprobar algunas de sus acciones más discutidas y tolera sus crímenes de guerra. La cuestión de su responsabilidad en la expansión agresiva de Japón sigue siendo objeto de debate en nuestros días. En 1945, su intervención es determinante en el proceso que desemboca en la capitulación. Tras la guerra, en el marco de la democratización del Estado, debe renunciar a su estatus divino y aceptar la nueva constitución, que le despoja de todo poder político. Con todo, conserva un poder simbólico hasta su muerte en 1989.

LOS BOMBARDEOS ATÓMICOS DE HIROSHIMA Y DE NAGASAKI

UNA NUEVA ARMA PARA PONER FIN A LA GUERRA

La recién creada bomba atómica es el fruto de un esfuerzo investigador de grandes dimensiones. El programa nuclear estadounidense, llamado Proyecto Manhattan, se lanza en 1941 como reacción a las recomendaciones de investigadores británicos y de varios físicos, entre los que se encuentra Albert Einstein (1879-1955). Bajo la dirección militar del coronel Leslie Groves y la supervisión científica del físico Robert Oppenheimer, el proyecto emplea a más de 120 000 personas y requiere la construcción de complejas instalaciones en las que experimentar reacciones en cadena controladas y producir uranio enriquecido, además de plutonio. El proyecto cuesta la friolera de dos mil millones de dólares, pero los resultados están a la altura de las inversiones: en cuatro años, los científicos americanos logran dominar la fisión nuclear —recientemente descubierta en 1939— y concebir un arma de una potencia sin igual. La primera prueba tiene lugar el 16 de julio de 1945 en el desierto de Alamogordo, en Nuevo México. Ante los efectos destructores de la primera explosión atómica de la historia, las reacciones de los observadores oscilan entre el entusiasmo y el terror. El físico Kenneth Bainbridge (1904-1996), director del ensayo, exclama: «Ahora somos todos unos hijos de puta» (Canosa 2007).

El átomo es una de las unidades de materia más pequeñas. Está formado por un núcleo (protones y neutrones) alrededor del cual gravitan electrones. Se dice que algunos átomos radiactivos son fisionables (sobre todo algunos átomos de uranio y de plutonio) porque, cuando son bombardeados de neutrones, su núcleo tiene la propiedad de escindirse en dos núcleos más pequeños. Esta fisión nuclear se acompaña de la emisión de neutrones y de una importantísima liberación de energía. Si el combustible nuclear está lo suficientemente enriquecido (es decir, si tiene una proporción de material fisionable suficiente) es posible generar una reacción en cadena que se autoalimenta: los neutrones emitidos por la fisión del núcleo colisionan con otros neutrones, lo que provoca su fisión y, por consiguiente, la emisión de otros neutrones, que provocan a su vez la fisión de otros núcleos, y así sucesivamente. En un reactor nuclear, la reacción en cadena está controlada y se mantiene a un nivel constante; en una bomba atómica, en cambio, la reacción debe ser muy rápida para provocar una liberación colosal de energía —que, de hecho, es iniciada por un explosivo convencional.

En ese momento, aunque la guerra en Europa ya ha terminado, los combates continúan en el Pacífico. En Tokio, varios miembros del gobierno, dirigidos por el primer ministro Kantarō Suzuki, se muestran a favor de una paz negociada, pero rechazan la mayoría de las condiciones impuestas por los Aliados (abandono de las conquistas, desmovilización del ejército, democratización del país, procesos contra los criminales de guerra). Estos últimos temen tener que invadir Japón, pero saben que su enemigo está muy debilitado y piensan que un acto impactante podría hacer que capitulara: así pues, enseguida se plantea la opción de empelar la bomba atómica. Varios científicos se oponen a ello por motivos morales; otros proponen advertir a los japoneses de los bombardeos y efectuarlos en zonas deshabitadas para asustar a Tokio sin causar víctimas. Sin embargo, se teme poner en peligro a los bombarderos y que el impacto psicológico sea insuficiente. Además, los americanos no pueden cometer ningún error ya que solo disponen de dos bombas y no podrán producir más en varios meses: por todo ello, la operación debe ser decisiva. El plan seduce al presidente Truman, que quiere evitar la invasión de Japón. También desea impresionar a Joseph Stalin (hombre de Estado soviético, 1878-1953), que ya ha extendido su zona de influencia sobre una gran parte de Europa oriental y que muestra una gran ambición. Finalmente, al igual que muchos militares y científicos, seguramente tiene curiosidad por conocer los efectos de la nueva arma.

Después de varias semanas, una unidad especial de bombarderos B-29 modificados practica el bombardeo de precisión con proyectiles que simulan ser bombas atómicas. Los objetivos potenciales —ciudades de gran valor estratégico que no han sufrido importantes destrucciones— ya se han elegido: Hiroshima, Niigata y Kioto, que pronto es descartado debido a su importancia cultural y sustituido por Kokura; Nagasaki será la alternativa si las condiciones meteorológicas impiden bombardear las otras ciudades. El 26 de julio, los Aliados le piden una vez más a Japón que capitule, sin éxito. El 2 de agosto, Truman aprueba definitivamente el empleo de la bomba.

HIROSHIMA, ENOLA GAY Y LITTLE BOY: EL PRIMER BOMBARDEO ATÓMICO DE LA HISTORIA

El 6 de agosto de 1945, a las 02:45 horas, el bombardero B-29 Enola Gay, pilotado por el coronel Paul Tibbets (1915-2007), despega del aeródromo de Tinian, en las islas Marianas, acompañado de dos B-29 de observación. En su bodega se encuentra el Little Boy («niño pequeño»), una imponente bomba de uranio de una potencia explosiva estimada de entre 13 y 15 kilotones (lo equivalente a 13 000 o 15 000 toneladas de TNT): será armado en vuelo para reducir el riesgo de detonación accidental en caso de accidente. El objetivo del bombardero es Hiroshima, una ciudad portuaria de unos 300 000 habitantes que alberga industrias armamentísticas y que sirve de base logística para las fuerzas japonesas.

Fotografía de la bomba atómica Little Boy.

El cielo está despejado cuando el Enola Gay sobrevuela su objetivo: a las 08:15 horas, suelta su carga, vira y se aleja de la zona a toda velocidad. 43 segundos más tarde, el Little Boy explota a 580 metros por encima del centro de la ciudad. Un destello luminoso cegador cruza brevemente el cielo, mientras que la energía térmica liberada por la detonación forma una bola de fuego de más de 400 metros de diámetro. Debajo, la temperatura aumenta en varios miles de grados: de inmediato, los humanos y los edificios de madera son calcinados y reducidos a cenizas. Más lejos, la radiación térmica inflige graves quemaduras a las personas expuestas a la misma y provoca incendios en la ciudad. Algunos segundos más tarde, una onda expansiva devastadora se propaga alrededor de la explosión a una velocidad de casi 1000 km/h, provocando el derrumbe de muchos edificios. Una gran parte del centro de Hiroshima ya está en ruinas, pero la destrucción continúa: apenas treinta segundos más tarde, los múltiples incendios desencadenados por la bomba se unen y forman una tormenta de fuego que devastará la ciudad durante varias horas, atrapando a muchos supervivientes. Durante ese tiempo, una inmensa nube de cenizas y restos se eleva en el cielo en forma de hongo: su cumbre alcanza una altitud de 18 000 metros. Más tarde, una lluvia negra y espesa, cargada de elementos radioactivos, caerá sobre la ciudad.

Fotografía de la explosión atómica encima de Hiroshima.

Tras la explosión, el caos total se apodera de Hiroshima. Decenas de miles de personas ya han sido calcinadas por la radicación térmica, aplastadas por los derrumbes o por escombros y han muerto debido a la onda expansiva, y muchas otras siguen muriendo en los incendios. Los servicios del orden están paralizados, desbordados por la magnitud de los incendios y el número de víctimas. Aterrorizados, muchos supervivientes intentan huir de la ciudad. Otros intentan encontrar a los suyos, pero la tarea es prácticamente irrealizable: muchas víctimas están sepultadas bajo los escombros, mientras que otras han sido totalmente desfiguradas por la radiación térmica. Una simple pieza de ropa clara bastaba para protegerse, pero las partes del cuerpo no cubiertas han sido gravemente quemadas. La piel de las personas que se encuentran cerca del hipocentro se carboniza instantáneamente, algo que provoca la muerte de las víctimas en los minutos u horas siguientes. Se han observado quemaduras severas a hasta 1500 metros de distancia y más leves a hasta 8 kilómetros. A veces, las quemaduras se producen en función de la ropa, ya que las partes más oscuras se calientan por efecto de la radiación; de hecho, las autoridades japonesas, que temían que se emplearan nuevas armas, habían recomendado a la población que vistiera ropa blanca. Debido al destello de la explosión, la retina de muchas víctimas se quema y sufren una ceguera que en algunos casos será irreparable.

Enfrentados a terribles escenas de horror, a menudo los supervivientes están tan conmocionados que no pueden sentir la menor emoción. En un hospital lleno de personas con quemaduras severas, un enfermero ve llegar a personas sin rostro: «Sus ojos, su nariz y su boca habían sido borrados por el fuego, y se podría decir que sus orejas se habían disuelto»[2] (Burgan 2010, 68). Es difícil transportar a los heridos, como lamenta un bombero: «Intentábamos

---

2. Cita traducida por 50Minutos.es

trasladarlos agarrándolos por los brazos y por las piernas para subirlos al camión de bomberos, pero era difícil porque se les desprendía la piel [...]»[3] (Poolos 2008, 98).

A las quemaduras y otras heridas más comunes hay que añadir los daños invisibles provocados por la radiación. Más del 70% de los supervivientes presentarán síntomas más o menos graves del síndrome de irradiación aguda, llamada en la época la peste atómica. Los efectos radiológicos de una explosión nuclear son desconocidos en la época y, por tanto, las víctimas no reciben los cuidados adecuados. Las personas más gravemente irradiadas no manifiestan los primeros síntomas hasta pasadas 24 horas: sienten un malestar general, después sufren hemorragias espontáneas y necrosis cutánea, y pierden el cabello. La muerte generalmente llega una semana después. La radiación causa la muerte de toda la gente presente en un radio de 800 metros alrededor de la explosión, mientras que la mayor parte de los expuestos a una distancia de hasta tres kilómetros morirá o presentará problemas de salud graves, y muchas mujeres embarazadas sufrirán abortos naturales o darán a luz a niños con malformaciones. Este tipo de síntomas aparecen hasta a cinco kilómetros de distancia del centro de la explosión.

Se calcula que más de 70 000 personas murieron inmediatamente debido a la explosión, pero el número total de víctimas, incluyendo a las personas fallecidas en las semanas siguientes al bombardeo, se elevaría a cerca de 120 000 muertos y 80 000 heridos. Muchos supervivientes,

---

3. Cita traducida por 50Minutos.es

irradiados, sufren graves problemas de salud durante las siguientes décadas.

Hiroshima está devastada: el 75% de sus edificios han sido destruidos y la ciudad se ha aplanado en un radio de cuatro kilómetros. En este desierto de ruinas no quedan en pie más que edificios de hormigón armado, a menudo diseñados siguiendo normas antisísmicas, que se mantienen en pie a pesar de los importantes daños que sufren. La explosión ha devuelto a Hiroshima a un estado primitivo. Debido a la desorganización de los servicios públicos, la limpieza de las ruinas y la cremación de los cuerpos no comienza hasta varias semanas después. Algunos supervivientes se refugian en los pueblos de los alrededores, donde pronto escasearán los víveres; otros viven en casas dañadas o en refugios construidos a toda prisa. Se entremezclan con las sombras de los desaparecidos, que se han quedado imprimidas en algunas paredes por la potente radiación térmica: son los últimos rastros de las personas desintegradas por las explosiones.

Vista aérea tomada encima de Hiroshima tras la explosión de la bomba.

LOS B-29 Y EL BOMBARDEO DE LAS CIUDADES JAPONESAS

Como Alemania, Japón está muy afectado por los bombardeos americanos. El primer ataque lo llevan a cabo el 18 de abril de 1942 dieciséis bombarderos medios lanzados sobre Tokio desde un portaviones, pero su efecto es principalmente psicológico, ya que los daños materiales son insignificantes. A partir de 1944, la conquista de las islas próximas a Japón permite llevar a cabo ataques de gran calibre sobre los centros políticos, económicos y militares, entre los que destacan Tokio, Kobe, Osaka y Nagoya. Los americanos emplean el imponente bombardero cuatrimotor Boeing B-29 Superfortress, el bombardero más avanzado de su generación. Es el primer avión de combate con el fuselaje presurizado, y está defendido por torretas de ametralladoras (algunas de ellas teledirigidas), posee una autonomía de 6000 kilómetros y puede volar a hasta 10 000 metros de altitud cargando 10 toneladas de bombas. Las formaciones de B-29 realizan bombardeos a baja altitud por la noche, con bombas incendiarias que devastan las ciudades en el punto de mira, construidas en su mayoría con madera. La defensa aérea y antiaérea japonesa es imponente. El ataque más destructivo tiene lugar la noche del 9 al 10 de marzo de 1945, cuando 279 bombarderos dejan caer bombas de fósforo sobre Tokio, que se ve devastada por una tormenta ígnea. Se incendia un cuarto de la ciudad y las pérdidas humanas se elevan a más de 100 000 muertos.

DE KOKURA A NAGASAKI: EL SEGUNDO BOMBARDEO ATÓMICO

Tras Hiroshima, los Aliados envían un nuevo aviso al gobernador japonés, pero los militares siguen negándose a capitular: creen que es imposible que los americanos tengan otra bomba. El segundo bombardeo atómico de la historia tiene lugar el 9 de agosto. El B-29 Bockscar, que carga una bomba de plutonio llamada Fat man («hombre gordo») se dirige primero a Kokura, donde el cielo nublado impide llevar a cabo el bombardeo. Así pues, pone rumbo a su objetivo alternativo, Nagasaki, una ciudad de 195 000 habitantes que alberga un gran puerto e industrias armamentísticas. Al principio, la visibilidad no es mucho mejor, pero el cielo se despeja en el último momento. La bomba, soltada a las 10:58, explota a 470 metros de altitud. La explosión tiene una potencia de 22 kilotones y causa los mismos efectos que en Hiroshima, pero los daños se extienden mucho menos. Las montañas que rodean la ciudad canalizan la onda expansiva y el calor, que se confina en el centro y salva, por tanto, una gran parte de los barrios residenciales y comerciales, ubicados en los valles. El centro de la ciudad es destruido por la explosión y los incendios. Mueren entre 38 000 y 80 000 personas, y otras varias decenas de miles resultan heridas.

Fotografía de la explosión atómica encima de Nagasaki.

REPERCUSIONES

LA CAPITULACIÓN DE JAPÓN Y EL FIN DE LA SEGUNDA GUERRA MUNDIAL

A primera vista, los campos de ruinas de Hiroshima y Nagasaki se parecen mucho a algunos barrios de ciudades víctimas de bombardeos incendiarios, pero la potencia destructora del átomo tiene un impacto psicológico incomparable. Aquí, dos bombarderos transportando dos bombas han provocado una destrucción mayor que la de varios ataques de decenas de aviones. No obstante, ahora los japoneses temen que su enemigo tenga más bombas y, además, desde el 8 de agosto están en guerra con la Unión Soviética, que avanza rápidamente en Manchuria. La situación es insostenible. En la noche del 9 al 10, el emperador Hirohito rompe su silencio y le anuncia al gobierno su intención de someterse al ultimátum enemigo. El acuerdo japonés se trasmite enseguida a los Aliados, acompañado de una única condición: que se preserve el sistema imperial. Algunos oficiales extremistas intentan dar un golpe de Estado, pero este fracasa. El día 15, el emperador anuncia a la población la capitulación a través de un mensaje difundido por radio, en el que justifica su decisión con su voluntad de preservar la nación. Los japoneses, que escuchan la voz del soberano por primera vez, se arrodillan y lloran en silencio. Las primeras fuerzas de ocupación americanas llegan a Japón a finales de mes: enseguida envían equipos de expertos a Hiroshima y Nagasaki para observar los efectos de las explosiones. El 2 de septiembre, los países aliados y el gobierno japonés firman el acta de rendición: la Segunda Guerra Mundial ha terminado.

Después de capitular, Japón es ocupado, democratizado y desmilitarizado, mientras que sus criminales de guerra se llevan a un tribunal internacional. A pesar de las pérdidas y la destrucción sufrida —2 150 000 japoneses mueren durante la guerra—, el país se reconstruye y pronto retomará la prosperidad. Hasta Hiroshima y Nagasaki se recuperarán, hasta el punto de que hoy en día resulta difícil creer que estas dos modernas ciudades sufrieron tal catástrofe. Más de 200 000 *hibakusha* («persona bombardeada») continúan padeciendo los efectos de las explosiones y el rechazo de la población, que no quiere mezclarse con ellos y engendrar bebés con anomalías. Todo Japón quedó traumatizado por los bombardeos, y esto se refleja en las numerosas obras de ficción que presentan, de manera más o menos imaginativa, los peligros de la tecnología nuclear, como *El puño de la estrella del norte*, *Akira*, *Gen el descalzo* o incluso los *Kaijū*, esos «extraños monstruos» que son Godzilla, Gamera y Mothra, entre otros. Recientemente, en 2011, el accidente de la central de Fukushima ha hecho revivir un miedo a la energía nuclear de 70 años de antigüedad.

EL INICIO DE LA ERA ATÓMICA

Tras las explosiones, muchos científicos que participaron en el Proyecto Manhattan se arrepintieron de haber contribuido a crear un arma tan destructiva y comienzan a militar por el establecimiento de un control internacional. Pero la potencia atómica fascina al mundo entero y enseguida lleva a que las dos primeras potencias mundiales —los Estados

Unidos y la Unión Soviética— realicen una costosa competición tecnológica cuyo objetivo es crear armas cada vez más devastadoras. El fantasma de la guerra nuclear se convierte rápidamente en un elemento indisociable a la Guerra Fría que acaba de comenzar. A cada lado del Telón de Acero se desarrollan enseguida bombas de hidrógeno (bombas H), que emplean la fusión nuclear y que son mil veces más potentes que las bombas de fisión de la generación de Little Boy y Fat Man. También se fabrican misiles y bombarderos intercontinentales cada vez más sofisticados para poder enviar cabezas nucleares al otro lado del planeta. Se dedican grandes esfuerzos a reforzar un arsenal que se espera que nunca se tenga que utilizar. La era atómica ve, en efecto, la creación del equilibrio del terror, un concepto que descansa en la doctrina de una destrucción mutua asegurada: ambos enemigos disponen de una potencia de impacto tan desarrollada que un solo ataque no puede destruirla, lo que significa que, en el caso de que estallara una guerra atómica, el país atacado conservaría la suficiente capacidad ofensiva como para responder e infligir terribles daños al país atacante, y esto aunque fuera tomado por sorpresa. Lo que está claro es que la guerra nuclear no tendrá ningún vencedor, lo que le confiere un importante poder disuasivo a la bomba. Así pues, durante la Guerra Fría, los Estados Unidos, la Unión Soviética y sus respectivos aliados no se enfrentarán directamente en ninguna acción militar, aunque se impliquen más o menos activamente en varios conflictos periféricos —entre los que destacan la guerra de Corea (1950-1953), de Vietnam (1961-1975) y de Afganistán (1979-1989)— para contener o apoyar la progresión del comunismo, según el bando en el que se encuentren. No por ello el conflicto latente entre los bloques del Oeste y del Este deja de provocar varias crisis graves —siendo la más dramática la crisis de los misiles en Cuba (1962)— que hacen temer el estallido de un apocalipsis nuclear.

La Guerra Fría concluye sin que el temido enfrentamiento tenga lugar, y las ciudades de Hiroshima y Nagasaki siguen siendo las únicas víctimas de bombardeos atómicos de la historia. Sin embargo, aunque es evidente que la bomba posee un importante poder disuasivo y estabilizador, ¿podemos descartar por completo la posibilidad de que surja un día un enfrentamiento convencional entre dos potencias atómicas y que este degenere en una guerra nuclear? Actualmente, son nueve los países que poseen una bomba atómica, y forman una comunidad en la que no faltan motivos de conflicto, ya se trate de la vieja hostilidad entre la India y Pakistán, de la actitud agresiva y relativamente imprevisible de Corea del Norte, o de la nueva rivalidad que parece que se está desarrollando entre Rusia y los miembros de la OTAN. Así pues, el fantasma de las catástrofes de Hiroshima y de Nagasaki continuará oscureciendo durante mucho tiempo el presente y el futuro del mundo. Los *hibakusha*, por su parte, representarán un testimonio vivo del horror de la guerra nuclear durante varios años más.

- En 1931, Japón inicia una agresiva política expansionista. Diez años más tarde, entra en guerra contra los Estados Unidos y las potencias aliadas, ocupando sus colonias y sus protectorados en Asia y en Oceanía.
- En 1942, los americanos imponen un alto a la expansión japonesa y logran tomar la delantera. Durante la guerra del Pacífico (1941-1945), conquistan una a una las islas ocupadas por los japoneses y se acercan progresivamente a Japón. Los combates terrestres y marítimos son terribles, y los Aliados temen que la invasión final se cierre con un baño de sangre.
- En julio de 1945, tras cuatro años de investigaciones de gran escala (el Proyecto Manhattan), los americanos prueban con éxito la primera bomba atómica. Como Japón sigue negándose a rendirse, deciden utilizar las dos otras bombas atómicas existentes para forzarlo a capitular.
- El 6 de agosto de 1945, una primera bomba atómica explota en Hiroshima. Una inmensa bola de fuego volatiliza una parte del centro, mientras que la radiación térmica provoca quemaduras severas en los habitantes y causa múltiples incendios. A continuación, una devastadora onda expansiva atraviesa la ciudad y provoca el derrumbe de muchos edificios. Tras la detonación, una tormenta ígnea acaba por devastar Hiroshima. La bomba aplana el suelo de la ciudad en un radio de cuatro kilómetros.
- En Hiroshima, los supervivientes se enfrentan a unas insoportables escenas de horror. Una parte de la po-

blación huye, mientras que muchos siguen muriendo en los incendios. Además, los servicios del orden están desbordados. En las calles hay muchas víctimas que han sufrido quemaduras horribles. Más tarde, muchos supervivientes sufrirán y morirán debido a las radiaciones que absorbieron en el momento de la explosión. Varias semanas después del bombardeo, el número total de víctimas asciende a cerca de 120 000 muertos y 80 000 heridos.

- El 9 de agosto de 1945, se deja caer la segunda bomba atómica sobre Nagasaki y no sobre Kokura, que era el objetivo previsto, debido a que el cielo estaba oscurecido por espesas nubes. Las montañas que rodean la ciudad canalizan los efectos de la explosión, y la destrucción es menos importante que en Hiroshima. Aun así, se cuentan entre 38 000 y 80 000 muertos.

- Japón capitula poco después de las explosiones, poniendo fin a la Segunda Guerra Mundial. Ocupado por las fuerzas aliadas, el país es democratizado, desmilitarizado, y sus criminales de guerra llevados ante la justicia. A pesar de la destrucción que ha sufrido, Japón se reconstruye enseguida y pronto experimenta un gran desarrollo económico. El trauma provocado por las explosiones nucleares, sin embargo, sigue muy presente.

- Los bombardeos atómicos contribuyen al estallido de la Guerra Fría, que ve cómo los Estados Unidos y la Unión Soviética desarrollan un enorme arsenal nuclear. La potencia de estas armas es la cuna del equilibrio del terror: en caso de guerra, ambos beligerantes sufrirán con certeza insoportables destrucciones. Así pues, los dos bloques opuestos se abstienen de enfrentarse directamente pero, a pesar de todo, el riesgo de que estalle una guerra nuclear sigue estando presente.

¡Tu opinión nos interesa!
¡Deja un comentario en la página web de tu librería en línea,
y comparte tus favoritos en las redes sociales!

PARA IR MÁS ALLÁ

FUENTES BIBLIOGRÁFICAS

- Beevor, Antony. 2012. *La Seconde Guerre mondiale*. París: Calmann-Lévy.
- Burgan, Michael. 2010. *Hiroshima: Birth of the Nuclear Age*. Nueva York: Marshall Cavendish Benchmark.
- Canosa, José. 2007. "La bomba atómica y los físicos de Los Álamos". En *Libertad Digital*. 23 de febrero. Consultado el 19 de mayo de 2016. http://www.libertaddigital.com/opinion/fin-de-semana/la-bomba-atomica-y-los-fisicos-de-los-alamos-1276233032.html
- Chun, Clayton K. S. y John White. 2008. *Japan 1945. From Operation Downfall to Hiroshima and Nagasaki*. Oxford: Osprey Publishing.
- Delgado, James P. 2009. *Nuclear Dawn: the Atomic Bomb from the Manhattan Project to the Cold War*. Oxford: Osprey Publishing.
- Liddell Hart, Basil H. 1973. *Histoire de la Seconde Guerre mondiale*. París: Librairie Arthème Fayard/Marabout Université.
- Lindee, Susan. *Suffering Made Real. American Science and the Survivors at Hiroshima*, Chicago, The University of Chicago Press, 1994.
- Margolin, Jean-Louis. 2007. *Violences et crimes du Japon en guerre. 1937-1945*. París: Hachette.
- Marston, Daniel. 2005. *The Pacific War Companion. From Pearl Harbor to Hiroshima*. Oxford: Osprey Publishing.
- Poolos, Jamie. 2008. *The Atomic Bombings of Hiroshima and Nagasaki*. Nueva York: Chelsea House.

- Vallaud, Pierre. 2002. *La Seconde Guerre mondiale*. París: Acropole.

FUENTES COMPLEMENTARIAS

- Ayache, Georges y Alain Demant. 1991. *Armements et désarmement depuis 1945*. París: Complexe.
- Costello, John. 2010. *La guerre du Pacifique. Des origines à Hiroshima*. París: Pygmalion.
- Grayling, Anthony. 2006. *Among the Dead Cities. The History and Moral Legacy of the WWII Bombing of Civilians in Germany and Japan*. Nueva York: Walker & Company.
- Hersey, John. 2011. *Hiroshima. Lundi 6 août 1945, 8h15*. París: Tallandier.
- "Recueil de témoignages de survivants de la bombe atomique de Hiroshima". En *Mémorial national de la paix de Hiroshima dédié aux victimes de la bombe atomique*. Consultado el 15 de febrero de 2015. http://www. hiro-tsuitokinenkan.go.jp/linkfiles/french.pdf
- Rhodes, Richard. 2012. *The Making of the Atomic Bomb*. Nueva York: Simon & Schuster.
- Soutou, Georges-Henri. 2011. *La guerre froide, 1943-1990*. París: Fayard.
- Willmott, Hedley Paul. 2001. La *guerre du Pacifique, 1941-1945*. París: Autrement.

FUENTES ICONOGRÁFICAS

- Ataque de Pearl Harbor por parte de las tropas japonesas. © US Navy.

- Retrato oficial de Harry Truman, cuadro de Greta Kempton. La imagen reproducida está libre de derechos.
- Retrato de Leslie Groves. La imagen reproducida está libre de derechos.
- Retrato de Robert Oppenheimer. La imagen reproducida está libre de derechos.
- Retrato de Kantaro Suzuki en 1945. © National Diet Library.
- Retrato del emperador Hirohito. © Library of Congress.
- Fotografía de la bomba atómica Little Boy. La imagen reproducida está libre de derechos.
- Fotografía de la explosión atómica encima de Hiroshima. La imagen reproducida está libre de derechos.
- Vista aérea tomada encima de Hiroshima después de la explosión de la bomba. La imagen reproducida está libre de derechos.
- Fotografía de la explosión atómica encima de Nagasaki. La imagen reproducida está libre de derechos.

PELÍCULAS Y DOCUMENTALES

- *Hiroshima*. Dirigida por Hideo Sekigawa, con Takashi Kanda y Masao Mishima. Japón, 1953.
- *The Day After Trinity: J. Robert Oppenheimer and the Atomic Bomb*. Dirigida por John H. Else. Estados Unidos, 1981.
- *Les Enfants de Nagasaki*. Dirigida por Keisuke Kinoshita, con Gō Katō y Yukiyo Toake. Japón, 1983.
- *Hiroshima: avant et après (Day one)*. Telefilme dirigido por Joseph Sargent, con Brian Dennehy y David Strathairn. Estados Unidos, 1989.

- *Creadores de sombras*. Dirigida por Roland Joffé, con Paul Newman y Dwight Schultz. Estados Unidos, 1989.
- *Lluvia negra*. Dirigida por Shōhei Imamura, con Yoshiko Tanaka y Kazuo Kitamura. Japón, 1989.
- *Hiroshima*. Docuficción de Koreyoshi Kurahara y Roger Spottiswoode. Japón y Canadá, 1995.
- *Hiroshima*. Docuficción de Paul Wilmshurst. Reino Unido, 2004.
- *Hiroshima, mémoires meurtries*. Dirigido por Shinsuke Sakamoto, Yuko Fukuyama y Kota Matsushima, Japón, 2005.
- *Blessures atomiques*. Dirigido por Marc Petitjean, Francia, 2006.
- *Quand le monde bascule*. En "Hiroshima et Nagasaki" episodio 2. Dirigido por Damien Fantauzzo. Francia, 2008.

MUSEOS Y EDIFICIOS CONMEMORATIVOS

- Bradbury Science Museum, situado en Los Álamos, Estados Unidos. Entre otros, presenta la historia del Proyecto Manhattan y de las armas nucleares en general.
- Memorial de Caen – Ciudad de la historia por la paz, museo y centro de documentación en Caen, Francia. En él encontramos exposiciones dedicadas a los bombardeos atómicos, a las armas nucleares y a la Guerra Fría.
- Memorial de la Paz de Hiroshima, también conocido como Cúpula Genbaku o Cúpula de la Bomba Atómica, Japón. Se trata de un palacio de exposiciones situado a unos 150 metros del hipocentro de la explosión.

Severamente dañado por la misma, se ha preservado en
ese mismo estado para conmemorar el bombardeo de
la ciudad.

- Memorial Nacional de la Paz de Hiroshima dedicado a las
víctimas de la bomba atómica de Hiroshima, Japón.
- Memorial Nacional por la Paz y las Víctimas de la bomba
de Nagasaki, Japón.
- Museo de la Bomba Atómica de Nagasaki, museo en
Nagasaki, Japón.
- Museo del Memorial de la Paz de Hiroshima, dedicado a
la historia del bombardeo atómico de la ciudad, situado
en Hiroshima, Japón.